SUR GRIN VOS CONNAISSANCES SE FONT PAYER

- Nous publions vos devoirs
  et votre thèse de bachelor et master

- Votre propre eBook et livre –
  dans tous les magasins principaux du monde

- Gagnez sur chaque vente

Téléchargez maintentant sur www.GRIN.com
et publiez gratuitement

Bibliographic information published by the German National Library:

The German National Library lists this publication in the National Bibliography; detailed bibliographic data are available on the Internet at http://dnb.dnb.de .

Imprint:

Copyright © 2014 GRIN Verlag, Open Publishing GmbH
Print and binding: Books on Demand GmbH, Norderstedt Germany
ISBN: 978-3-668-12555-1

This book at GRIN:

http://www.grin.com/fr/e-book/313772/data-warehouse-pour-le-suivi-et-l-evaluation-pedagogique-des-enseignements

Ronade Duplex Tane Nongosso

Data warehouse pour le suivi et l'évaluation pédagogique des enseignements

Cas de la Cellule d'Appui à l'Action Pédagogique (CAAP)

GRIN Publishing

GRIN - Your knowledge has value

Since its foundation in 1998, GRIN has specialized in publishing academic texts by students, college teachers and other academics as e-book and printed book. The website www.grin.com is an ideal platform for presenting term papers, final papers, scientific essays, dissertations and specialist books.

Visit us on the internet:

http://www.grin.com/

http://www.facebook.com/grincom

http://www.twitter.com/grin_com

DATA WAREHOUSE POUR LE SUIVI ET L´ÉVALUATION PÉDAGOGIQUE DES ENSEIGNEMENTS
(cas de la Cellule d´Appui à l´Action Pédagogique)

Auteur: TANE NONGOSSO Ronade Duplex;
Master II Professionnel Réseaux et Applications Multimédia
Université de Yaoundé I, Cameroun

Jeudi 30 février 2014

Résumé

Ce mémoire est consacré à la conception et à la réalisation de l´entrepôt de données pour le suivi et l´évaluation pédagogique des enseignements. Pour ce faire, nous nous sommes attelés à comprendre les problèmes rencontrés par les décideurs de la CAAP (Cellule d'Appui l'Action Pédagogique) dans la réalisation de leurs objectifs. Ensuite, on a appréhendé les standards et bonnes pratiques de business intelligence et de mise en œuvre des entrepôts de données. En outre, sur la base d´analyse des besoins des décideurs nous avons ressorti les indicateurs pertinents, structuré les sources de données puis, avons conçu le schéma de l´entrepôt de données multidimensionnels. Après, une étude comparative de quelques logiciels disponibles a été réalisé afin de déterminer l´offre la mieux adaptée à la CAAP. Enfin, ces logiciels ont été utilisé pour mettre en œuvre un entrepôt de données pour la resolution des problèmes de la CAAP.

Mots-cles : entrepot de données, business intelligence, indicateurs, besoins, prise de décision, SID.

Abstract

This document is devoted on the conception and production of a data warehouse for the follow-up and pedagogic evaluation of teaching (case of the Teachers´ Resource Unit of the Ministry of Secondary Education in Cameroon - CAAP). To achieve this, we start up by understanding the problems encountered by the administration of CAAP in attaining their objectives. This is then followed by a good mastery of the standards and best practice of business intelligence as well as the putting in place of a data warehouse. Furthermore, from analyzing the requirements of the decision makers of CAAP, we evaluate and have been able come up with pertinent indicators, structure the data sources, then conceive the multidimensional data warehouse scheme. There after, a comparative study of available software packages is carried out in order to determine, the option best suited and better adapted to CAAP. Our choices done, we end our project by the utilization of these tools to put in place a data warehouse in CAAP via the available software that we have chosen.

Key words : data warehouse, business intelligence, requirements, decisions making, SID.

1 INTRODUCTION GÉNÉRALE

1.1 Contexte

De nos jours, il n'est plus possible de prendre des décisions de qualité en se basant uniquement sur des "coups de génie". Pour bien gérer une entreprise, il est nécessaire pour les décideurs, de prendre en compte les analyses des données afin d'améliorer les rendements présents et prédire l'avenir. La Cellule d'Appui à l'Action Pédagogique (CAAP), où nous avons fait notre stage de fin de formation, est l'un des services phares de l'Inspection Générale des Enseignements du Ministère des Enseignements Secondaires au Cameroun. Placée sous l'autorité d'un chef de cellule, et travaillant en étroite collaboration avec les Inspections de Pédagogie auxquelles elle apporte un appui multiforme dans la réalisation de leurs missions, à savoir [17] :

- l'accompagnement des activités de recherche pédagogique ;
- l'appui à la formation continue des personnels ;
- la gestion des infrastructures et des équipements pédagogiques à usage transversal ;
- l'organisation de la validation des ressources numériques, en liaison avec les inspections de pédagogie et la cellule informatique ;
- la promotion et la diffusion des résultats de recherche ;
- la production et la diffusion des annales.

La C.A.A.P est constituée en plus d'un chef de cellule, de quatre chargés d'études assistants et de dix antennes régionales réparties sur l'ensemble du territoire. Les responsables de la C.A.A.P sont de ce fait appelés à prendre régulièrement dans l'accomplissement de leurs tâches quotidiennes, certaines décisions. Ces décisions concernent la gestion : des formations en T.I.C ; des infrastructures et équipements d'ordre pédagogique ; de l'ingénierie documentaire et de la diffusion ; de l'appui à la recherche pédagogique.

1.2 Problématique

Depuis sa création, la C.A.A.P reçoit chaque jour des rapports sous formes manuscrites et/ou numériques. Ces rapports, éléments capitaux dans la prise de décisions subissent des traitements où d'importantes quantités de données sont extraites, traitées, et archivées. Les responsables de la C.A.A.P sont souvent contraints de :

- prendre des décisions avec une vue partielle sur les données, car ces dernières n'arrivent pas toujours à temps (exemple : on peut avoir besoin d'un rapport venant d'une antenne régionale. Mais, le temps mis par ledit rapport pour parvenir aux responsables de la C.A.A.P, ne permet pas de prendre une décision basée sur le contenu de celui-ci) ;
- traiter les données dans des délais qui ne sont pas toujours optimaux, à cause des méthodes et supports d'archivages.
- perdre du temps dans les opérations manuelles, ce qui occasionne souvent la présence de certaines erreurs dans les rapports et sont souvent les causes des retards dans l'exécution de certains projets ;
- de perdre certaines données importantes, à cause de la dégradation des feuilles de papiers dans les archives. Ces pertes de données peuvent aussi occasionner l'échec ou le retard dans la réalisation de plusieurs projets.
- travailler sans avoir des estimations chiffrées à long terme pour certaines données, car il manque encore un système fiable pouvant permettre une historisation des données de la cellule ;

– de gérer manuellement les ressources, car il n´existe pas encore de système automatique pour celà ;

La mise en place d´un entrepôt de données pourra permettre aux décideurs de la C.A.A.P d´avoir une vue globale sur les données à différents niveaux de la chaîne, pour une prise de décisions encore plus efficace. Cet entrepôt permettra de centraliser et d´historiser les données. Il pourra aussi constituer une archive générale ou détaillée, sur laquelle on pourra faire les tâches de suivi, de fouille de données. La présence des états qui en résulteraient de l´interrogation du data warehouse servira de base concrète et efficace pour une prise de décisions [7], basée sur les rapports d´activités des différents maillons de la chaîne dont il est responsable. La CAAP construit un système d´aide à la prise de décision, en vue d´améliorer la performance des décideurs dont elle a la charge. Elle doit de ce fait décider et anticiper en fonction de l´information disponible et, capitaliser sur ses expériences. Ses décideurs sont amenés à prendre certaines mesures liées au suivi des formations en T.I.C, à la gestion des infrastructures et équipements pédagogiques, sur l´évolution des recherches d´ordre pédagogique, sur le fonctionnement des différentes antennes régionales et pour la bonne marche de leurs services vers les objectifs qu´ils se sont fixés.

Afin de permettre à la CAAP d´atteindre ces objectifs, nous nous proposons de concevoir et réaliser un entrepôt de données qui permettra dans un premier temps de fournir au demandeur : l´évolution de la production et la validation des ressources pédagogiques ; le pourcentage des ressources non validées ; le nombre d´enseignants formés par la C.A.A.P par session et par année, la fonction et le service d´appartenance ; la fréquence d´occupation (de réservation) des salles de formation au sein de la C.A.A.P ; l´évolution des formations au sein de la cellule ; le taux de fréquentation de la bibliothèque ; les résultats des travaux et (ou) des recherches d´ordre pédagogique obtenus par les différents maillons de la chaîne pédagogique ;

En définitive notre entrepôt devra offrir les fonctionnalités et états permettant de faciliter nettement aux décideurs de la C.A.A.P du MINESEC la prise de décision, tout ceci en facilitant l´analyse rapide des données en provenance de sources éparses.

1.3 Objectifs

Nous nous fixons comme objectifs :
– de faire une analyse afin de ressortir les problèmes de la C.A.A.P, ce qui nous permettra de leur offrir des outils qui soient adaptés à leurs besoins ;
– d´utiliser les outils gratuits afin d´éviter des coûts supplémentaires lors de la mise en place de l´entrepôt de données ;
– de construire un entrepôt avec des outils qui faciliteront l´extraction et la visualisation des données avec une interface conviviale et facile pour les décideurs qui ne sont pas des experts du domaine ;
– de produire des rapports sur les indicateurs définis afin d´aider à la prise de décision, ceci de manière efficace par les dirigeants du MINESEC et de la CAAP en particulier ;
– d´effectuer des recherches sur les données contenues dans l´entrepôt, afin de fournir l´information nécessaire et voulue des décideurs.
– de former les décideurs à l´utilisation de cet outil pour la bonne marche de leurs services et les administrateurs à la maintenance évolutive et corrective.

1.4 Plan

Notre travail s'articule autour de plusieurs points, à savoir :

La section 1, constituée de trois parties, est consacrée à l'état de l'art sur les data warehouse de leur naissance à nos jours ; des généralités sur le data warehouse en présentant successivement, les outils de modélisation, les outils d'extraction, de transformation et de chargement des données dans l'entrepôt, et les outils de présentation. Puis la section 2, est réservée à l'analyse des besoins de la C.A.A.P avec une description des indicateurs qui en découleront. Ensuite la section 3, intitulée conception, présentera une structuration des sources de données et une conception de l'entrepôt. Après la section 4, intitulée déploiement et test d'intégration parlera de l'installation, de la maintenance, et de l'aide à l'utilisation du système. Enfin, nous achèverons ce travail par une conclusion générale.

2 ÉTAT DE l'ART SUR LE DATA WAREHOUSE

Avec l'évolution de l'informatique, les entreprises conservent de plus en plus d'importantes quantités de données. Ces données peuvent être à l'origine de l'émergence de l'entreprise à condition de savoir les analyser correctement, et d'agir en conséquence. L'entrepôt de données, cœur de l'informatique décisionnelle, est une base de données permettant de fédérer et de regrouper les informations de l'entreprise, pour en faire des analyses et faciliter la prise de décisions à court, moyen, et long terme. Il fournit aux décideurs des moyens chiffrés d'évaluer les faits voulus. C'est dans cette optique que, nous présenterons dans cette section, l'historique des data warehouses, de la naissance à nos jours. Ensuite, nous présenterons les généralités sur les data warehouse, à savoir les modèles, les outils d'extraction, de transformation, et de chargement des données (une comparaison entre les outils propriétaires et open source sera faite à ce niveau), enfin nous terminerons par les outils de présentation.

2.1 Historique

Le concept d'entrepôt de données a été formalisé, il y a environ plus d'une vingtaine d'années. Suite au besoin de constituer une base de données orientée sujet, intégrée, historisée, non volatile et destinée aux processus d'aide à la prise de décision [7]. Ce concept fut dans un premier temps accueilli avec une certaine perplexité. Beaucoup d'informaticiens et décideurs ne voyaient que l'habillage d'un concept déjà ancien : l'infocentre selon [22], consistait dans les années 70 et 80 de mettre à la disposition des utilisateurs finaux toute la puissance de calcul d'un ordinateur en temps partagé au moyen des terminaux, de banques de données, de langage comme le BASIC, le FORTRAN, APL d'une aide en ligne et d'une équipe d'assistance technique.

Mais l'évolution des entreprises et de l'économie de nos jours en a décidé autrement. La concurrence entre les entreprises se fait de plus en plus forte, les clients de plus en plus exigeants, dans un environnement organisationnel de plus en plus grandissant, complexe et mouvant.

La mouvance des entrepôts de données pour les entreprises dans le monde est parvenue au Cameroun, il y a quelques années. Les grandes sociétés comme Orange et MTN utilisent les entrepôts de données dans la gestion de leurs activités commerciales. Dans le domaine de l'éducation comme dans beaucoup d'autres domaines au Cameroun, il n'existe pas encore d'entrepôts de données à notre connaissance. Les décideurs prennent encore des décisions basées sur des "coups de génie" ce qui ne semble plus efficace, surtout lorsqu'on gère de très grandes quantités d'informations et que l'on doit prendre des décisions sur l'avenir d'une société ou d'un service. Il est de ce fait très important de mettre en place des environnements décisionnels pour l'amélioration des systèmes d'aide à la prise de décisions pour un futur meileur notamment dans le domaine de l'éducation au Cameroun.

2.2 Généralités

Ici nous allons présenter les architectures technique et les concepts utilisés dans le domaine des entrepôts de données.

1. Les architectures techniques.

   Un entrepôt de données est une base de données regroupant une partie ou l'ensemble des données fonctionnelles d'une entreprise. d'un point de vue technique, il sert à alléger les bases de données opérationnelles des requêtes pouvant nuire à leurs performances. D'un point de vue architectural, il existe deux manières de l'appréhender :

   – L'architecture de haut en bas : dans [13, 12] l'entrepôt de données est une base de données au niveau détail, consistant en un référentiel global et centralisé de l'entreprise. En cela, il se distingue du Datamart (d'après le jargon informatique, un datamart est un petit data warehouse extrait d'un data warehouse plus important et spécialisé dans un domaine.), qui regroupe, agrège et cible fonctionnellement les données.

   – L'architecture de bas en haut : dans [13, 3] l'entrepôt de données est constitué peu à peu par les Datamarts de l'entreprise, regroupant ainsi différents niveaux d'agrégation et d'historisation de données au sein d'une même base.

2. Concepts et définitions

   Les dimensions peuvent être définies comme les points de vue depuis lesquels les mesures peuvent être observées[9].

   Exemples : date, région, service, type de formation.

   Les faits (mesures) sont les valeurs numériques que l'on compare. Ces valeurs sont le résultat d'une opération d'agrégation des données.

   Exemple : nombre_d'apprenants_formés, durée_occupation_salle.

   Une table de fait est un ensemble d'éléments organisés dans un schéma en étoile ou en flocon, formés de champs de type dimension (axe d'analyse) et champs de type mesure (les faits) qui stocke des mesures de l'évaluation d'une activité. Il existe plusieurs types de tables de fait que nous pouvons comparer grâce au tableau 1 (: comparaison des types de table de fait).

Nous pouvons comme [13] définir un entrepôt de données comme est une collection de données orientées sujet, intégrées, non volatiles et historisées, organisées pour le support d'un processus d'aide à la décision.. De cette définition l'on dégage quatre caractéristiques fondamentales des data warehouse, à savoir :

– les données orientées sujet ;

– les données intégrées ;

– les données historiseés ;

– les données non volatiles.

Fonction	Transactionnelle	Périodique	Cumulée
Grain	Une ligne par transaction	Une ligne par période	Une ligne pour toute la durée de vie d'un événement
Dimension	Dimension de date au niveau de granularité le plus bas	Dimension de date au niveau de granularité Fin de période	Plusieurs dimensions de date
Nombre de dimensions	Plus élevé que le type de fait périodique	Moins élevé que le type de fait transactionnel	Nombre de dimensions le plus élevé par rapport aux autres types de table de faits
Dimensions conformes	Utilise des dimensions partagées conformes	Utilise des dimensions partagées conformes	Utilise des dimensions partagées conformes
Mesures	Relatives aux activités de transaction	Relatives aux activités périodiques	Relatives aux activités qui possèdent une durée de vie définie
Taille de la base de données	Taille la plus élevée. Au niveau du grain le plus détaillé, la taille de la base de données a tendance à augmenter très rapidement.	Plus petite que la table de faits transactionnelle car le grain de la dimension de date et d'heure est nettement plus élevé	Plus petite que les tables de faits transactionnelles et périodiques
Performances	Offre de bonnes performances qui peuvent être améliorées en sélectionnant un grain situé au-dessus du grain le plus détaillé	Offre de meilleures performances que les autres types de table de faits car des données sont stockées au niveau d'un grain moins détaillé	Bonnes performances
Insertion	Oui	Oui	Oui
Mise à jour	Non	Non	Oui, lorsqu'un jalon est atteint pour une activité spécifique
Suppression	Non	Non	Non
Augmentation de la taille de la table des faits	Très rapide	Lente comparée à la table de faits basée sur des transactions	Lente comparée à la table de faits transactionnelle et périodique
Besoin de tables d'agrégation	Elevé, en particulier parce que les données sont stockées à un niveau très détaillé	Nul ou très faible, principalement parce que les données sont déjà stockées à un niveau d'agrégation élevé	Moyen car les données sont principalement stockées au niveau Jour. Toutefois, les données des tables de faits cumulés sont moins nombreuses que celles du niveau transactionnel

Tableau 1 : comparaisons des types de table de faits [12]

2.3 Méthodologie

2.3.1 Les méthodes de développement des SID

l'ensemble des productions littéraires propose de nos jours à notre connaissance, trois catégories de méthode pour le développement d'un Système d' Information Décisionnel (SID) : ascendantes, descendantes et mixtes[19].

1. L'approche descendante

   Elle propose de définir le schéma de l'entrepôt en fonction des besoins d'analyses et suppose que les données disponibles permettront la mise en œuvre d'un tel schéma (schéma de l'entrepôt), ou tout du moins que la confrontation avec les données réelles se fera dans un second temps. Parmi les approches orientées pour les besoins d'analyses, les auteurs proposent dans [20] une distinction entre les approches guidées par les buts et les approches guidées par les utilisateurs.

2. L'approche ascendante

   Elle ne prend pas en compte les besoins des utilisateurs. Elle consiste à construire le schéma de l'entrepôt de données à partir des sources et suppose que le schéma construit pourra répondre à tous les besoins d'analyses. Par exemple, les auteurs dans [20] proposent une méthodologie semi-automatique pour construire un schéma du data warehouse à partir des schémas entité-relation qui représentent les bases de données sources.

3. L'approche mixte

   L'approche mixte quant à elle combine les deux méthodes précédentes. Cependant elle présente l'inconvenient de ne pas avoir de méthodes d'analyses des besoins utilisateurs.

   La figure 3 présente les étapes de la méthode mixte.

   l'avantage de cette démarche est la combinaison de la méthode descendante et ascendante ; elle intègre à la fois les données des sources de productions et les besoins des décideurs dans la définition du modèle décisionnel. Néanmoins, la première étape consacrée à la collecte des besoins des décideurs ne spécifie ni la manière dont ces besoins peuvent être exprimés, ni comment les transformer en schéma décisionnel.

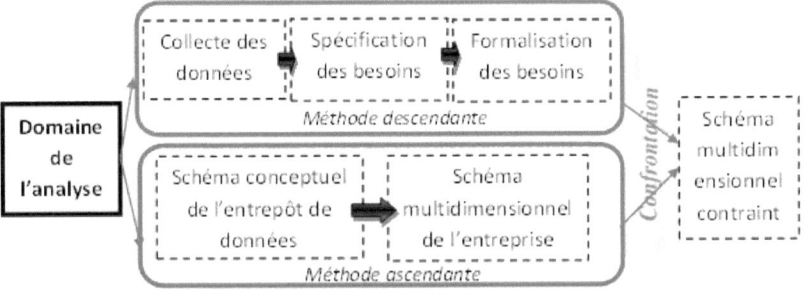

Figure 3 : étape de la méthode de mixte

Le bilan des méthodes parcourues repose sur un modèle dimensionnel. Dans une première catégorie, on retrouve la démarche descendante qui prend en compte uniquement les besoins des décideurs. Dans la deuxième catégorie, on retrouve la démarche ascendante basée uniquement sur les données provenant des sources de production, tout en négligeant le rôle des décideurs dans le processus de mise en œuvre des bases décisionnelles. En ce qui concerne la troisième catégorie, à savoir celle des méthodes mixtes, elle intègre les données sources aux spécifications des besoins des décideurs lors de la modélisation de la base décisionnelle permettant ainsi d´exploiter les données existantes et de fournir une réponse succincte et de qualité aux requêtes des acteurs du SID. Pour celà, nous choisirons la démarche mixte[20, 10].

2.3.2 Les méthodes d´analyses des besoins de SID

l´analyse selon le dictionnaire numérique (36 dictionnaires) est un examen méthodique permettant de distinguer les différentes parties d´un problème et de définir leurs rapports. Le dictionnaire spécialisé (Jargon Informatique) définit quant à lui l´analyse comme la décomposition d´un problème en 36 000 petits problèmes, théoriquement plus facile à régler. Il sera question pour nous dans cette partie de présenter quelques méthodes d´analyses des SID en préconisant les avantages, et les inconvénients de ses méthodes afin de choisir celle qui sera appliquée à notre cas ou encore d´offrir une méthode d´analyses basée sur les précédentes. Ceci afin de proposer une solution d´analyses adéquate pour la résolution des problèmes posés par la C.A.A.P et la définition de ses différents indicateurs.

Les SID ont pour fonction de centraliser plusieurs domaines d´activités. Selon les statistiques, plus de 80% des projets ne répondent pas aux besoins des décideurs [1] car cette étape est dissimulée ou n´est pas prise en compte dans des projets réels. Cet important taux d´échec est dû au fait que, grand nombre de méthodes de développement de SID commence directement par la conception et, ne propose pas de méthodes d´analyses spécifiques au SID. Ils sont aussi dus à une mauvaise analyse des besoins par les informaticiens.

Les auteurs dans [1] définissent un processus d´analyse des besoins en cinq tâches qui sont : la collecte des besoins des utilisateurs qui, correspond à la tâche "déterminer les besoins d´information des utilisateurs" ; la prise en compte des sources correspondent à la tâche "comparer les besoins d´information avec les sources de données" ; la confrontation des besoins correspond à la tâche "évaluer et homogénéiser les besoins d´information ; la définition de priorités correspond à la tâche "établir des priorités parmi les besoins à satisfaire" ; la formalisation des besoins correspond à la tâche "spécifié formellement les besoins de manière à faciliter la validation des besoins par les utilisateurs". Outre le fait qu'ils indiquent les listes de tâches associées au projet, ils n'indiquent pas comment réaliser chaque tâche. En plus, ils ne proposent pas de modèle de collecte et de formalisation des besoins. Ainsi, on classifie des méthodes d'analyse des SID en trois groupes, en fonction du modèle de formalisation qu'elles utilisent :

– Modèles existants : elles utilisent les modèles existants tels que le modèle entité-association, les diagrammes de classes ou les cas d'utilisation, ses méthodes d'analyse ne couvrent pas tout le processus d'analyse du SID car elles ne définissent pas les priorités parmi les besoins. Aussi ces méthodes utilisent les modèles qui ne sont pas familiers aux décideurs et pour la plupart ne distinguent pas les décideurs stratégiques des décideurs tactiques. Elles présentent néanmoins l'avantages d'utiliser une structure de collecte des besoins qui soit familière au quotidien des décideurs. Ce qui rend possible une automatisation du processus d'analyse[6].

– Requêtes : elles utilisent les requêtes pour représenter les besoins. Ces méthodes offrent l'avantage d'être facile à utiliser pour le concepteur décisionnel car elles se rapprochent du langage d'interrogation. L'utilisation de cette structure pour formaliser les besoins est judicieuse au sens où il sera possible d'automatiser cette phase. Cependant, la structuration sous forme de requêtes n'est pas familière aux non-informaticiens, la validation des besoins est difficile pour les décideurs. La seule validation possible pour les eux est celle des schémas multidimensionnels des données. De plus, ces méthodes ne guident donc pas la collecte et la confrontation des besoins, elles ne distinguent pas les décideurs et elles ne définissent pas de priorité parmi les besoins des décideurs.

– Modèles de buts : elles représentent les besoins suivant les buts qu'ils visent. Les buts peuvent être représentés suivant différentes approches. Celles-ci proposent de collecter les besoins exprimés en langage naturel et de les formaliser suivant un guidage partiel lié à la mise en œuvre du modèle de buts [2, 11], elles suggèrent un parallélisme des tâches afin de gagner du temps. Cependant, ces méthodes de modèles de buts ne distinguent pas les décideurs et elles ne définissent pas les priorités parmi les besoins. Elles présentent néanmoins quelques inconvénients : elles utilisent un formalisme des besoins différents de la représentation multidimensionnelle des données, ce qui rend difficile la validation du formalisme des besoins avant la phase de conception du schéma du SID par les décideurs. Par conséquent, le seul moyen de validation restant est celui du schéma multidimensionnel. Elles ne proposent pas un mécanisme pour la capitalisation ou la réutilisation au cours de l'analyse.

Bilan et détermination de la méthode d'analyse à adopter

Les méthodes d'analyse vues ci-dessus présentent toutes des inconvénients dans le sens ou la structure n'est pas intuitive aux décideurs. Aucun de ces modèles de formalisme ne se rapproche de la modélisation multidimensionnelle. Par contre, l'utilisation des tableaux pour la collecte des besoins permet aux décideurs d'exprimer seuls leurs besoins. De plus, la structure des tableaux étant connue, il est possible d'envisager l'automatisation des processus d'analyse. De manière générale les méthodes d'analyse se focalisent sur l'aspect statique du SID. De plus ses méthodes ne guident pas forcement la collecte et la confrontation des besoins du SID. Celles qui prennent en compte les sources suggèrent une confrontation des besoins utilisateurs et des sources de données après la réalisation du schéma conceptuel [1, 14]. Il manque donc un modèle intuitif aux décideurs permettant une analyse à la fois statique et dynamique du SID et de confronter des besoins du SID. Cette démarche doit paralléliser l'analyse des besoins des utilisateurs et l'analyse des sources afin de permettre un gain en temps. De même elle doit favoriser la fiabilité et la réutilisation dans les SID.

Pour atteindre nos objectifs dans un temps réduit et de manière fiable, nous utilisons une méthode d´analyse des besoins de tous les acteurs du SID qui parallélise et qui traite séparément les tâches liées à chaque groupe (groupe utilisateurs et le groupe système). Cette méthode, basée sur les avantages des méthodes précédentes permet de prendre en compte à la fois l´aspect statique et dynamique du SID, permet en même temps une confrontation des besoins du SID. La séparation des besoins utilisateurs et des besoins systèmes dans notre méthode peut permettre de confier ses deux analyses à des groupes différents, ceci permettra un gain en temps pour la phase d´analyse du SID. Voir diagramme d´activité de la [Figure 4].

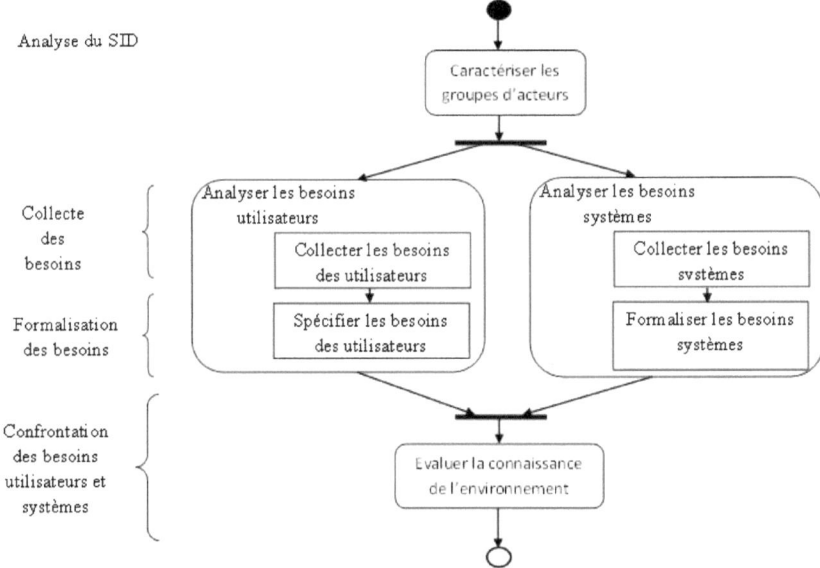

Figure 4 : Diagramme d´activité UML de la phase d'analyse des besoins

Collecte des besoins

Cette étape d´analyse doit permettre de recenser les besoins aussi bien stratégiques que tactiques auprès des décideurs, et de recenser les besoins à partir du système (des sources de données existantes).

Spécification des besoins

L´étape de spécification de besoin nous permettra de spécifier les besoins utilisateurs et de formaliser les besoins systèmes, dans un formalisme qui permet une confrontation des dits besoins.

Confrontation des besoins

A ce niveau, il est question de comparer les besoins pris auprès des utilisateurs avec ceux recueillis des systèmes opérationnels, des entrepôts de données existants. Ici, on doit prendre en compte les besoins des utilisateurs que le système ne fournit pas et supprimer certains besoins systèmes pris et donc les décideurs n´auront pas besoin.

2.4 Présentation de quelques plates-formes complètes d'informatique décisionnelle

2.4.1 SQL Server

La suite Microsoft SQL Server est une plate-forme décisionnelle qui se compose d'un ETL (Extraction Transform Load), d'un entrepôt de données pour les traitements en ligne OLTP (OnLine Transactional Processing), d'un moteur multidimensionnel, et d'un moteur d'analyse des solutions et de génération des rapports. Microsoft SQL Server est une plate-forme sécurisée, intégrée et complète, fiable et efficace pour les données et applications décisionnelles. Son utilisation est rendue facile grâce à une interface graphique et à l'assistance dans chacune des démarches de l'utilisateur. Mais, le logiciel est propriétaire et peut seulement être utilisé sur le système d'exploitation Windows, en plus cette solution est coûteuse financièrement.

2.4.2 Spago BI

SpagoBI est une plate-forme décisionnelle complète entièrement open source. Elle se compose d'outils décisionnels qui sont soit développé, soit provenant d'outils tiers (Mondrian/JPivot, BIRT, JasperReport, Weka, Microsoft SSRS) et prend en compte la génération des rapports, de tableaux de bord, l'analyse multidimensionnelle, la planification des tâches, les Workflow. Cette plate-forme complète d'informatique décisionnelle offre l'avantage d'être complètement gratuite. Mais son inconvénient majeur reste le fait qu'elle n'est pas très rependu et la communauté n'est pas très active.

2.4.3 Pentaho

La suite Pentaho est une plateforme décisionnelle complète entièrement open source, développé en java et qui comporte des fonctions de reporting, data mining, intégration de données, tableau de bord, analyse ad hoc, analyse multidimensionnelle. La suite Pentaho est une plate-forme complètement modulable, elle est dotée d'une communauté importante, et très active qui contribue à son l'évolution rapide, la version libre (community edition) et la version payante (entreprise edition) de cette suite logiciel comporte quelques différences. La version libre de Pentaho offre la possibilité d'effectuer une installation complète de la plateforme [4]. La plateforme Pentaho offre la possibilité de pouvoir être utilisé sur plusieurs système, car est entièrement développé en java. Elle a l'avantage d'avoir une grande communauté de développeurs actifs et disponibles sur des fora de discussion qui sont toujours d'une grande aide pour la résolution des problèmes. Le coût ici réside au niveau de l'intégration, de la maintenance et des services, il n'existe aucun coût lié à la licence. Mais le fait que l'on retrouve plusieurs choix pour une même fonctionnalité peut prêter à confusion ; de même certains décideurs sont souvent trop réservés face à la lourdeur de la mise de cette plate-forme.

3 ANALYSE ET CONCEPTION DU DATA WAREHOUSE

3.1 Analyse des besoins CAAP

Un constat fait précédemment (section : état de l'art sur les data warehouse), montre qu'un grand nombre de projets décisionnels ne voient pas le jour à cause d'une mauvaise analyse. Il convient donc, afin d'éviter que notre projet se retrouve dans cette vague, de choisir la méthode de développement la mieux adaptée au cas de la CAAP, à laquelle nous associerons une méthode d'analyse conçue ou choisie qui soit appropriée à ce cas et des modèles multidimensionnels qui soient adaptés. Dans le cadre de notre projet, nous avons choisi comme méthode de développement la méthode mixte qui non seulement est la méthode la plus utilisée mais aussi parce qu´elle est la plus complète, la méthode d´analyse que nous choisissons est celle définie plus haut (Figure 4 : Diagramme d´activité UML de la phase), elle est basée sur les méthodes de requêtes et celle des buts, elle offre l´avantage de prendre en compte à la fois les besoins statiques et dynamiques du système, l´analyse séparée des besoins utilisateurs et systèmes, et offre en plus une confrontation entre ses besoins. Pour ce qui concerne les modèles multidimensionnels, nous avons opté pour les schémas en étoile. Il est question pour nous dans cette section d´appliquer nos choix méthodologiques au cas de la Cellule d´Appui à l´Action Pédagogique. Pour cela, nous commencerons par une analyse et une formalisation des besoins des décideurs. Ensuite nous continuerons notre travail par une analyse et formalisation des besoins systèmes, puis nous ferons une confrontation entre les besoins des utilisateurs et ceux du système. Après nous présenterons une architecture du SID et enfin nous passerons à la conception de notre entrepôt de données.

3.1.1 Analyse des besoins des décideurs de la CAAP

Dans cette partie, nous analysons les besoins tactiques et stratégiques des utilisateurs. Nous appliquons cette analyse aux utilisateurs de la CAAP. Pour cela, nous allons faire :

1. Une collecte des besoins utilisateurs

   Nous proposons une collecte des besoins qui soit globale et détaillée, afin de prendre en compte les besoins des décideurs à différents niveaux de la chaîne du SID. Pour cela nous utiliserons la méthode des requêtes afin de faire ressortir l´aspect dynamique des besoins des utilisateurs de la CAAP. l´analyse des rapports d´activités et une interview auprès des décideurs de la CAAP, ont permis de définir les indicateurs des résultats suivants :

   - Les ressources de la CAAP (l´évolution du nombre de ressources disponibles par an, la fréquence d´utilisation des ressources par service et par an, le nombre de perte de ressource par an et les causes de ses pertes) : ses indicateurs présentent successivement l´évolution du nombre de ressources en dénombrant chaque années les ressources disponibles

$$(ressourcesdisponibles = \sum_{k=1}^{n} (ressources\_acquise\_a\_lannee(n) + achat\_annee(n+1) - pertes(n))$$

   NB : une ressource à problème est soit une ressource manquante, défectueuse ou encore inutilisable.

   R1 : l´évolution du nombre de ressources par type, par catégorie et de l´état des ressources pour les cinq dernières années se traduit comme suit :

   - Analyser : le nombre de ressource de la CAAP
   - En fonction : des années, des ressources, l´état (en panne, en bon état)
   - Pour : 2009-2010-2011-2012-2013

   - Le nombre de locations d´une ressource par mois et par an : cet indicateur a pour rôle de faire ressortir le nombre de fois qu´une ressource est mise à la disposition d´un service durant le mois et l´année.

$$Location\_annuelle\_d\_une = somme\_des\_locations\_mensuel\_de\_la\_ressource$$

$$Location\_annuelle\_des\_ressources = \sum_{k=1}^{12} (nombre\_de\_fois\_louees\_par\_mois)$$

   R2 : location des ressources par services, par ressource en fonction du temps et pour les trois

dernières années se traduit comme suit :
- Analyser : le nombre de location
- En fonction : des mois, des ressources, services
- Pour : les trois dernières années
- Le service ayant le plus besoin des ressources. Cet indicateur fait ressortir le service ayant demandé le plus grand nombre de ressources pendant l'année.

$$Service\_ayant\_plus\_besoin\_de\_ressources = Service\_Max(location\_annuelle\_ressources\_service)$$

. R3 : service ayant le plus demandé de ressources par an, par ressource et pour les trois dernières années ce qui traduit comme suit :
- Analyser : les ressources
- En fonction : des années, des services, ressources
- Pour : 2011-2012-2013
- Le nombre d'épreuves collectées par examen, par année et par filière : cet indicateur présente la somme des épreuves collectées par les cadres de la CAAP en vue de les mettre à la disposition des élèves et enseignants via la plateforme de l'extranet.

$$Nombre\_epreuves\_par\_examen = \sum_{k=1}^{nbre\_filieres} (\sum_{1}^{n}(epreuves\_collectees\_par\_filiere))$$

R4 : l'évolution de la collecte des épreuves par examen, par année, et par filière durant les trois dernières années ce qui traduit sous forme de requête-type comme suit :
- Analyser : le nombre d'épreuves collectées
- En fonction : des années, des examens et des matières
- Pour : 2011-2012-2013
- Le nombre de ressources pédagogiques reçus par an et par région. Cet indicateur présente la somme des ressources pédagogiques mises à la disposition de la CAAP par les régions et pendant une année.

$$Nombre\_de\_ressources\_annuelles = \sum_{k=1}^{12}(ressources\_par\_regions)$$

R5 : l'évolution de la réception des ressources, par filière, par région, par ressource et pour les trois dernières années ce traduit en requête-type comme suit :
- Analyser : le nombre de ressources pédagogiques reçues
- En fonction : des mois, régions, filières
- Pour : 2011-2012-2013
- Le nombre de ressources pédagogiques validées par mois et par inspections

$$Nombre\_de\_ressources\_validees\_par\_ans = \sum_{k=1}^{12}(ressources\_validees\_par\_mois)$$

R6 : l'évolution des validations de ressources par inspections, par mois, par filière et pour les trois dernières années se traduit en requête-type comme suit :
- Analyser : le nombre de ressources pédagogiques validées
- En fonction : des mois, des inspections de pédagogie, filières
- Pour : 2011-2012-2013

– Le nombre de CIP (Chantier d´Innovation Pédagogique) reçus par région et par an

R7 : l´évolution des fournitures de Chantier d´Innovations Pédagogiques par région et par trimestre, pour les trois dernières années.

– Analyser : le nombre de CIP reçus
– En fonction : des régions, des années, matiéres
– Pour : 2011-2012-2013

– l´éévolution des inscriptions aux différentes formations. Cet indicateur donne pour la CAAP le nombre d´inscrits par formation et par mois.

$$Nombre\_d\_inscriptions\_enregistrees\_par\_annee = \sum_{k=1}^{12}(des\_incriptions\_de\_chaque\_mois)$$

R8 :l´évolution du nombre d´inscrits aux formations par service, par mois, par sexe et pour les trois dernières années se traduit en requête-type comme suit :

– Analyser : le nombre d´inscrits
– En fonction : des mois, des formations, service
– Pour : 2011-2012-2013

– Le nombre de personnels formés par mois et par service. Cet indicateur présente le nombre de personnels ayant assisté à une des sessions de formations délivrées par la CAAP en un mois.

$$Nbre\_personnel\_forme\_par\_annee = \sum_{k=1}^{12}(personnes\_inscrites\_et\_forme\_pendant\_une\_session)$$

R9 : l´évolution des formations par service, par mois et par formation, pour les dernières années ce traduit en requête-type comme suit :

– Analyser : le nombre de formés
– En fonction : des mois, des services, formations
– Pour : 2013-2012-2011 ...

– l´évolution des sessions de formations par mois, par an et par formation. Cet indicateur nous présente le nombre de session de formations ayant eu lieu en une année.

$$Nombre\_de\_sessions\_annuelles = \sum_{k=1}^{12}(nombre\_de\_sessions\_mensuelles)$$

R10 : l´évolution des sessions de formations par mois et par formation, pour les dernières années, se traduit en requête-type comme suit :

– Analyser : le nombre de session de formation
– En fonction : des mois, des formations
– Pour : 2013-2012-2011 ...

– Le nombre de formateurs par mois, par an et par formation. Cet indicateur présente pour une période donnée le nombre de cadres ayant participé à la formation des apprenants pendant cette période.

$$Nombre\_de\_formateur\_du\_mois = \sum_{n=1}^{nbre\_session\_du\_mois}(nombre\_de\_formateurs\_par\_session)$$

R11 : l´évolution de l´effectif des formateurs par an, par formation, pour les trois dernières années se traduit en requête-type comme suit :

- Analyser : le nombre de formateurs
- En fonction : des années, des formations, sessions
- Pour : 2011-2012-2013
- Le nombre de services ayant participé aux formations depuis trois ans. Cet indicateur présente le nombre de services ayant participé aux formations pendant la période d'un an.

$$Nbre\_de\_services\_ayant\_participe = somme\_des\_services\_participantaux\_formations\_dans\_l\_annee$$

R12 : l'évolution du nombre de services participant aux formations, par trimestre, par service, par formation et pour les trois dernières années se traduit en requête-type comme suit :
- Analyser : le nombre de services participant aux formations
- En fonction : des années, formations
- Pour : la CAAP
- l'évolution des inscriptions des lecteurs à la bibliothèque (le nombre d'inscriptions enregistrées par mois et par an) : il sagit d'un indicateur qui présente pour la bibliothèque l'évolution chiffrée des inscriptions des lecteurs.

$$Nbre\_inscriptions\_enregistrees\_par\_annee = \sum_{k=1}^{12}(du\_total\_inscrits\_par\_mois)$$

R13 : l'évolution des inscriptions des lecteurs par type (interne et externe) par mois et pour les dernières années se traduit sous forme de requête-type comme suit :
- Analyser : le nombre d'inscrits
- En fonction : Temps (en mois), du type (interne ou externe) des formations, service d'appartenance.
- Pour : pour les trois dernières années
- Les lecteurs (le nombre de lecteurs reçus par mois, le taux de fréquentation de la bibliothèque) : il sagit d'un indicateur qui présente le nombre de lecteurs reçus à la bibliothèque en un mois.

$$Nombre\_de\_lecteurs\_recus = somme(visites\_journalieres\_des\_lecteurs)$$

$$Moyenne\_journaliere\_des\_lecteurs\_recus = nombres\_lecteurs\_recus\_par\_mois\_divise\_par\_20$$

$$taux\_de\_frequentation\_mensuel = nombre\_lecteurs\_reus\_par\_mois\_sur\_nombre\_total\_inscrits$$

R14 : fréquentation en bibliothèque, par type de lecteur par mois et pour les trois dernières années se traduit par :
- Analyser : le nombre de lecteurs reçus
- En fonction : des mois, des services, du type (interne ou externe).
- Pour : pour 2013-2012-2011
- Les livres (le nombre de livres lus par mois, par lecteur, le livre le plus sollicités) : cet indicateur présente le nombre de livres mis à la disposition des lecteurs par mois.

$$Nombre\_livres\_lus\_mois = \sum_{k=1}^{12}(livres\_demandesxnombre\_de\_demande\_pour\_ce\_livre)$$

R15 : fréquence de lecture des ouvrages, par type de lecteurs, par auteur, par catégorie et famille de livre pour les trois dernières années se traduit comme suit :
- Analyser : le nombre de livres lus

– En fonction : des mois, des lecteurs, du type (interne ou externe)

– Pour : 2011-2012-2013

2. Spécifiaction des besoins utilisateurs

Ici, les besoins représentent les faits à analyser, et les dimensions (les axes d´analyses). Ces faits et axes d´analyse sont représentés dans le tableau 2.1 ci-dessous :

Faits (Besoins utilisateur)	Dimension (axe d´analyse)
Nombre_de_ressources	Temps.mois, type_ressources, Etat_ressources, services, géographie
Location_ressources	Temps.mois, type_de_ressources, services, géographie
Service_max_ddeur_ressources	Temps.années, type_de_ressources, services
Nbre_epreuves_exam_collectes	Temps.années, filières, examen
Ressources_peda_recues	Temps.mois, geographie.region, matières
Nbre_ressources_validees	Temps.mois, valideur, matiere
Insription_aux_formations	Temps.mois, Formations, Services
Nbre_de_formés	Temps.années, service, formations, formateurs, géographie
Nbre_de_services_formés	Temps.années, formations, géographie
Nbre_de_lecteurs_inscrits	Temps.années, type, services
Nbre_lecteurs_recus	Temps.mois, type, service
Nbre_livres_lus	Temps.mois, famille, type

Tableau 2 : Table de faits et axes d´analyses associés à ces faits.

3.1.2 Analyse des besoins systèmes

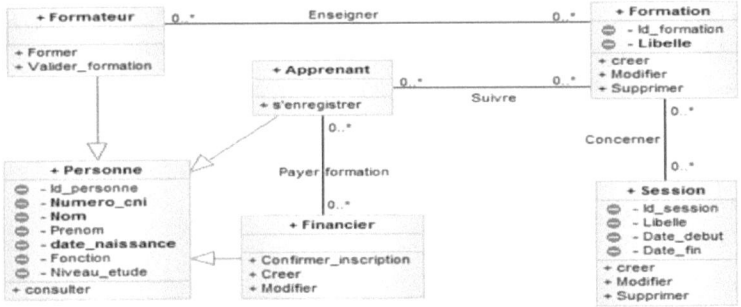

Figure 6 : Diagramme du processus des formations

Le Financier représente les agents de l´état en charge des finances à la CAAP. L´ apprenant représente toute personne en fonction au Ministère des Enseignements Secondaire inscrites à une formation ou ayant participé à une formation. Le Formateur quant à lui est toute personne chargé de former les apprenants à la CAAP. La formation est le module enseigné (Word, Excel,) et la Session représente une période de formations.

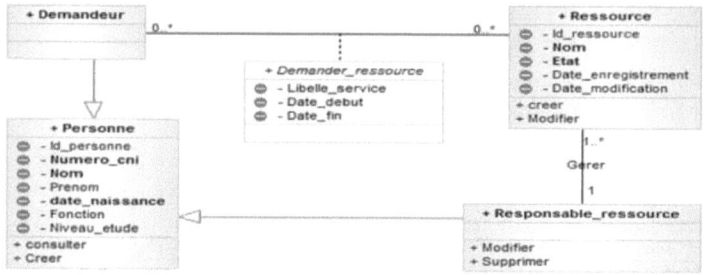

Figure 7 : Diagramme de classe pour le processus de gestion des ressources

Le Demandeur est le représentant du service ou de linstitution qui demande la ressource. Le "Responsable_ressource" est tout agent du MINESEC en service à la CAAP et en charge de la gestion des ressources. La Resource est tout bien matériel (Vidéo projecteur), meuble (Chaise) ou immeuble (la salle de conférence) que la CAAP met à la disposition du public demandeur.

3.2 Conception de l´entrepôt de données multidimensionnel

3.2.1 Architecture fonctionnelle

l´analyse des besoins utilisateurs et systèmes de la Cellule d´Appui à l´Action Pédagogique nous permet de proposer une architecture fonctionnelle de la solution que l´on se propose de mettre en œuvre. Cette solution se compose des trois fonctions principales suivantes :

- d´une acquisition des données sources au format Excel, des données transmises à la hiérarchie par les différents maillons de la chaîne de la CAAP (UAF, UGIEP, UIDD,) ;
- Le stockage et la structuration des données dans l´entrepôt ;
- Les opérations de restitution/reporting des données aux décideurs grâce à des outils de reporting.

l´architecture fonctionnelle décrite ci-dessous est représenté par la figure 8. Elle met en exergue les différents modules cités ci-dessus.

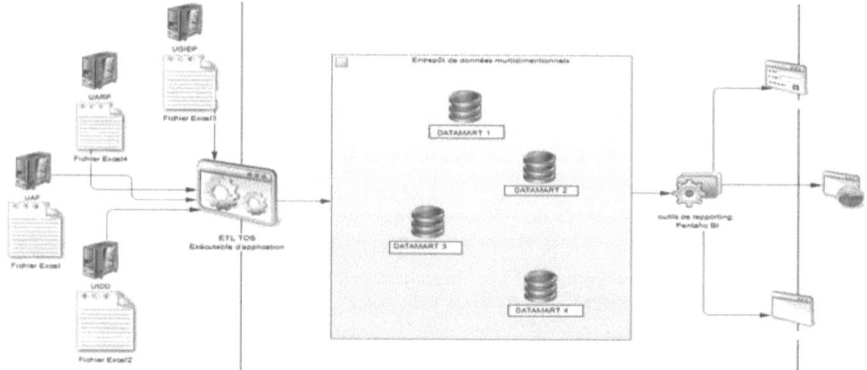

Figure 8 : Architecture fonctionnelle du système

3.2.2 Schémas en étoile des cubes de données

1. Datamart 1 : Analyse des formations

   Le schéma de la figure 9, présente le modèle en étoile du fait *analyse des formations*. Ce fait comprend comme axe d´analyse le temps, les formations, la personne, les services et la géographie.

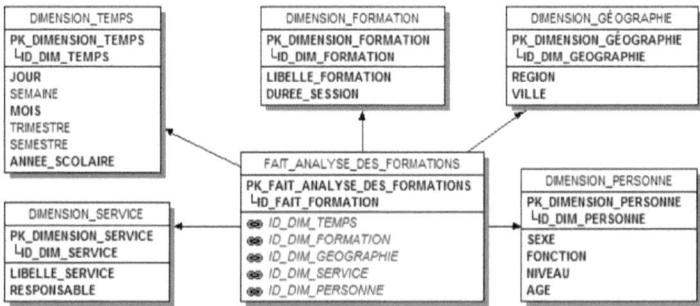

Figure 9 : fait analyse des formations

2. Datamart 2 : Gestion des ressources

   Le schéma de la figure 10 présente le modèle en étoile du fait *analyse des ressources*. Ce fait est analysé suivant plusieurs axes à savoir : l´axe temps ; l´axe des ressources, l´axe des types de ressources, l´axe des services et l´axe géographique.

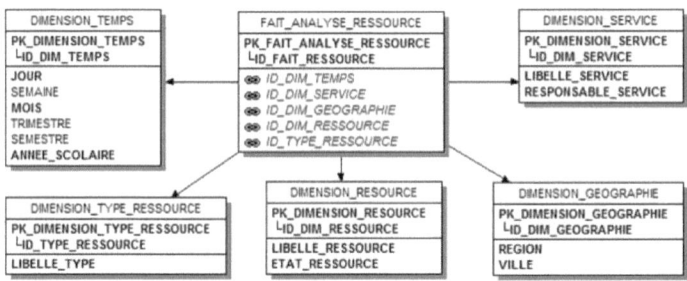

Figure 10 : fait Analyse des ressources

3. Datamart 3 : outils de la plate-forme

   Le schéma de la figure 11 ci-dessous est le datamart présentant le fait *analyse des outils de la plate-forme*. Ce fait est constitué de plusieurs dimensions, à savoir : la dimension temps, la dimension personne, la dimension filière, la dimension examen et la dimension géographie.

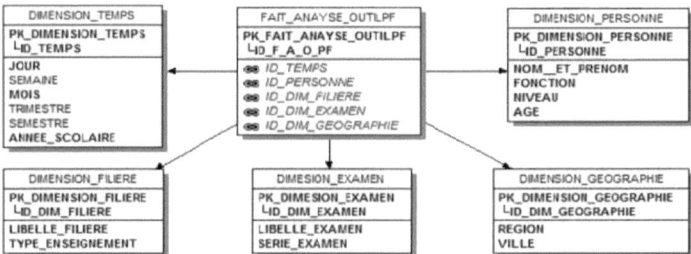

Figure 11 : fait Analyse des outils de la plateforme

17

4. Datamart 4 : Analyse de la bibliothèque

Le schéma de la figure 12, présente le modèle en étoile du *fait analyse de la bibliothèque*. Ce fait se compose de plusieurs axes d'analyse, à savoir : la dimension temps, la dimension personne, la dimension services, la dimension type et la dimension famille.

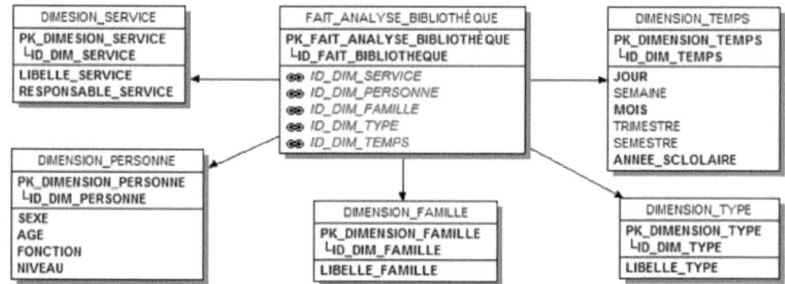

Figure 12 : fait analyse de la bibliothèque

3.2.3   Schéma en constellation des faits

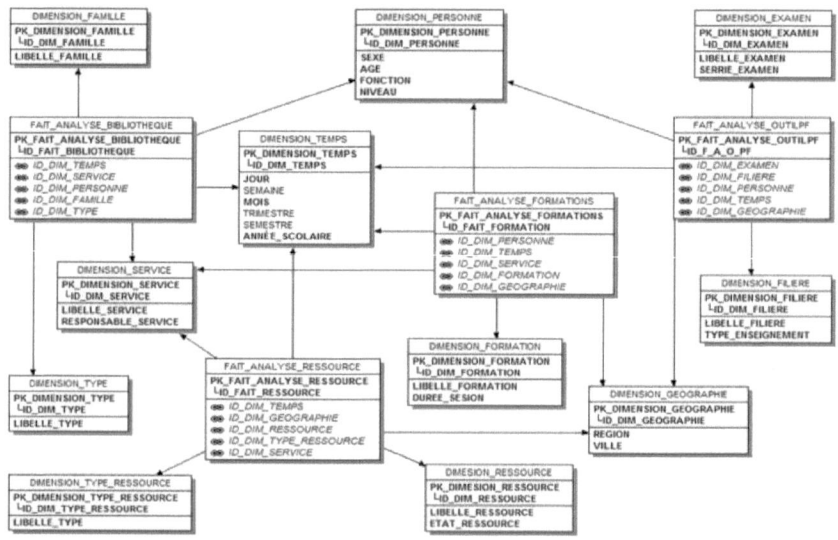

Figure 13 : schéma en constellation des faits de notre entrepôt de données

Le schéma en constellation des faits de la figure 13 ci-dessus nous donne une vue complète de notre entrepôt de données, en faisant ressortir les différentes tables de faits et tables de dimensions qui y participent.

Au vu de tout ce qui précède, et au vu de l'objectif principal de cette section à savoir l'analyse et la conception de l'entrepôt de données, nous pouvons considérer cette partie comme étant terminée. Par la suite, il va être question pour nous de mettre en œuvre cette solution au sein de la C.A.A.P

18

4 MISE EN ŒUVRE

l'entrepôt de données vise à fournir aux décideurs un moyen chiffré pouvant leur permettre de faire des analyses sur les faits voulus. Il a pour objectif de fournir une aide, qui permettra la gestion plus efficace par les décideurs des différentes unités que comporte la CAAP. La précédente section nous a permis de ressortir un modèle physique de l'entrepôt de données. Il est à présent question dans cette section d'énumérer les outils matériels et logiciels que nous utiliserons, puis de parler de l'implémentation des différents modules qui constituent notre solution, et enfin nous présenterons comment cette nouvelle solution pourra favoriser une prise des décisions future et efficace par les décideurs.

4.1 Outils matériels et logiciels nécessaires pour la mise en place de l'entrepôt de données

1. Outils matériels
   - Un serveur core i3 (2.4 *4), 1 terra octet de disque dur, et 4Go de Ram.
   - Des machines clients (pentium 4 ou plus, 40Go de disque dur ou plus, 512 de mémoire RAM ou plus)
2. Outils logiciels
   - MySQL server 5.1 pour la sauvegarde des données de l'entrepôt [16] ;
   - PHP My Admin 11.0.10 pour avoir un aperçu graphique des tables du data warehouse ;
   - Pentaho data integrator 4.4.0 (ancien Kettle) pour l'Extraction, la Transformation ou Traitement et le Chargement des données dans l'entrepôt ;
   - BIRT 3.7.2 (Business Intelligence Reporting Tools) pour les rapports (Birt, 2013).

4.2 Implémentation des différents outils et résultat

Après une brève présentation des outils matériels, logiciels nécessaires à la mise en place de notre entrepôt de données, il est actuellement question pour nous de présenter un aperçu des différentes étapes d'implémentation et des résultats obtenus à ses différents niveaux.

Une fois téléchargés, les outils logiciels devront être installés. Dans un premier temps, nous avons installer le système de gestion de bases de données relationnel (qui est dans notre cas MySQL server 5.1 community disponible à [21] qui devra contenir notre entrepôt de données que l'on nommé ici "caapdata" ensuite, une concentration sur l'installation et la configuration de Pentaho bi-server a été faite, puis nous avons installé Pentaho Data Integrator (PDI) et enfin un outil de report à savoir BIRT dans notre cas. Ces outils sont disponibles à [21]. Pour plus d'information sur l'installation et la configuration de ces outils, nous pouvons nous reporter sur le site [18, 5, 21].
Penaho Data Integrator est un outil simple à installer et à utiliser dont la performance d'exécution des transformations comble entièrement nos attentes par rapport à ce projet. De ce fait, il n'est pas utile pour nous d'aller rechercher parmi ses concurrents payant du marché.
La copie d'écran ci-dessous (figure 3.1 ETL, Pentaho Data Integration Spoon) présente un aperçu du développement d'un job ETL à travers l'interface de l'outil Pentaho Data Integration.

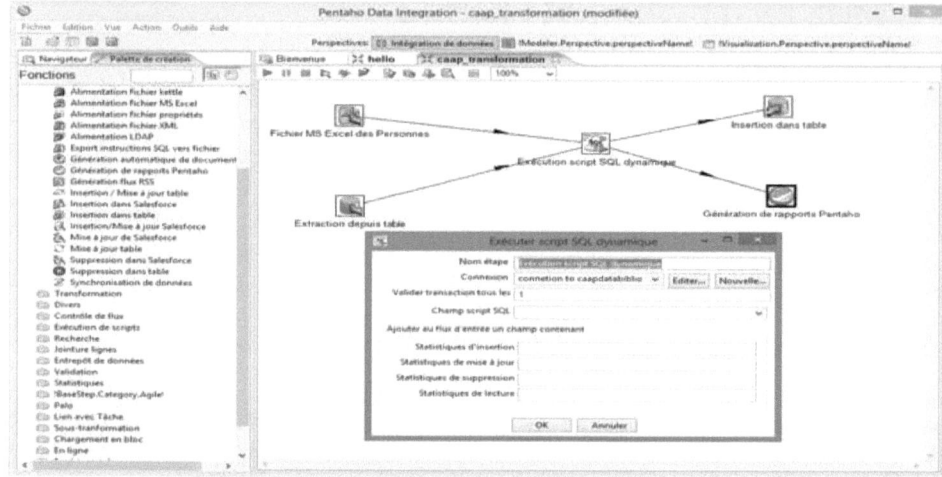

Figure 14 : ETL via Pentaho Data Integartion Spoon

Pour une bonne une bonne gestion de l´entrepôt il est important de définir les rôles des différents membres qui participent à l´exploitation et à l´administration de l´entrepôt de données. La figure 15 ci-après présente la console d´administration du serveur pentaho.

Figure 15 : console d´administration de Pentaho

Les données une fois insérées dans notre entrepôt, nous pouvons avoir un bref aperçu à la figure 16 des tables qui constitues l´entrepôt de données.

Figure 16 : aperçu des tables constituant data warehouse via l´outil Navicat

Maintenant, nous voici arrivé à la phase utile pour le décideur, celle qui pourra l'aider de prendre des décisions à court, long ou moyen terme. Car c´est à travers les rapports fournis qu´il est capable de mieux cerner grâce aux chiffres, le fonctionnement poussé de l´évolution des différents maillons que comporte son unité de direction. La figure suivante (figure :17) présente la création d´un data set via des requêtes SQL.

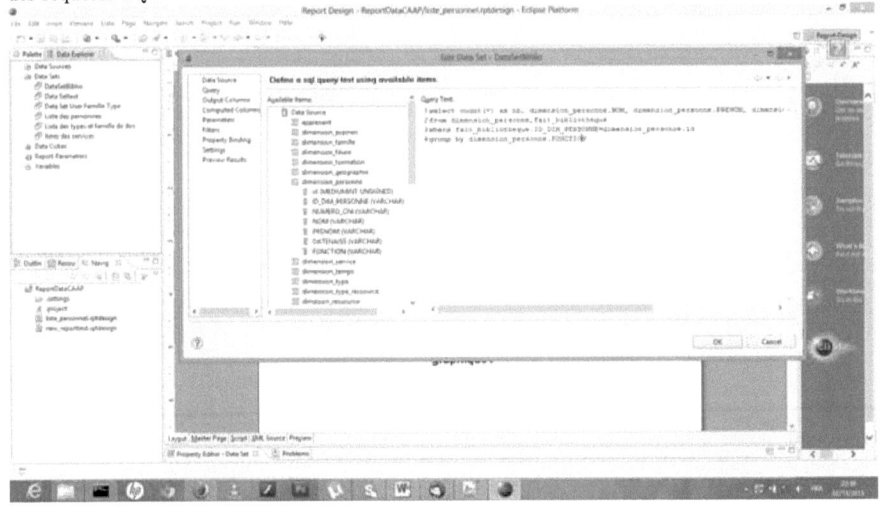

Figure 17 : Création d´un data set

Le schéma de la figure 18 suivante, présente sous forme de tableau les statistiques du personnel inscrit ou ayant renouvelé leurs inscriptions à la bibliothèque de la CAAP.

The figure shows a BIRT Report Viewer window with the following content:

RÉPUBLIQUE DU CAMEROUN	REPUBLIC OF CAMEROON
Paix – Travail – Patrie	Peace- Work- Fatherland
MINISTÈRE DES ENSEIGNEMENTS SECONDAIRES	MINISTRY OF SECONDARY EDUCATION
INSPECTION GÉNÉRALE DES ENSEIGNEMENTS	INSPECTORATE GENERAL FOR EDUCATION
INSPECTION DE PÉDAGOGIE CHARGÉE DE L'ENSEIGNEMENT DES SCIENCES	INSPECTORATE OF PEDAGOGY FOR SCIENCE EDUCATION

Liste du personnel incrit en Bibliothèque

Fonction	Nombre	Statut	Date d'enregistrement
Agent contractuel	17	Incrit	2013-07-11 14:53:47
agent de courier	20	Reincrit	2011-05-03 17:18:05
agent de liason	22	Incrit	2011-06-06 17:06:54
Analyste infoirmaticien	22	Reincrit	2012-05-26 13:02:31
Charge d'etude	15	Reincrit	2012-06-01 23:33:54
Conseille technique	17	Incrit	2012-11-29 06:39:10
Delegue	9	Reincrit	2011-06-24 09:12:36
Directeur	15	Incrit	2013-03-09 00:59:18
Docteur	9	Incrit	2011-02-08 05:34:37
Editeur	26	Incrit	2012-07-09 23:37:42
Enseignant	59	Incrit	2011-06-22 21:06:04
Enseignant Delegue	4	Incrit	2011-08-29 13:12:37
Etudiant	23	Reincrit	2010-09-06 09:50:44
Ingenieur	17	Incrit	2011-07-19 08:17:32
inspecteur coordonnateur national	16	Incrit	2013-04-15 17:17:06
inspecteur coordonnateur regional	17	Reincrit	2012-06-22 23:34:02
Inspecteur national	11	Reincrit	2011-08-25 10:31:04
inspecteur regional	16	Incrit	2012-06-24 07:54:28
Professeur	15	Reincrit	2012-06-07 19:37:48
Secretaire	17	Incrit	2011-11-09 12:03:55
sous-directeur	11	Reincrit	2012-10-26 16:54:33
Eleve	22	Reincrit	2011-02-25 17:01:24
TOTAL			

TOTAL INSCRIT ET REINSCRIT	
STATUT	NOMBRE
Reincrit	209
STATUT	NOMBRE
Incrit	191

4 nov. 2013 20:59

Figure 18 : Liste du personnel inscrit ou réinscrit en bibliothèque

Le schéma de la figure suivante (figure 19 : Liste du personnel formé ou en formation à la CAAP), présente sous forme de tableau les statistiques du personnel masculin ou féminin en formation, en attente de formation ou déjà formé par la CAAP.

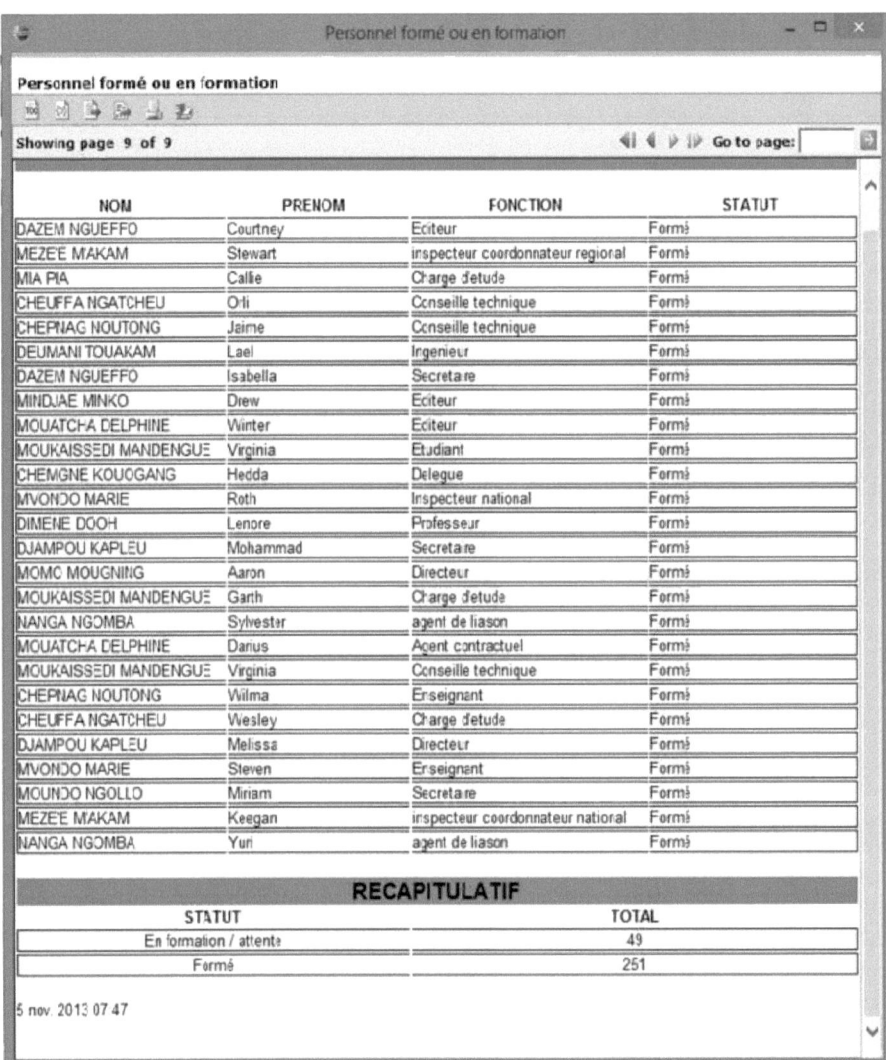

Figure 19 : Liste du personnel formé ou en formation à la CAAP

5 CONCLUSION GÉNÉRALE

L'objectif de notre activité était de faciliter le travail des décideurs grâce à la mise en œuvre d'un data warehouse pour le suivi et l'évaluation pédagogique des enseignements. Pour mener à bien notre mission au sein de la CAAP, nous avons fait une analyse approfondie de son fonctionnement en nous basant sur les méthodes standards d'analyse et de conception. Par la suite, nous avons mené une étude théorique des concepts de l'ingénierie des entrepôts de données, les standards qui régissent ce secteur d'activité, ensuite nous avons fait le tour des solutions logicielles propriétaires et libres du marché afin, de saisir la solution la mieux adaptée au contexte de la Cellule d'Appui à l'Action Pédagogique du Ministère des Enseignements Secondaire au Cameroun. Une fois notre solution mise en œuvre, nous avons proposé la formation des décideurs en charge des différents maillons de la chaîne à l'utilisation du nouvel environnement mis à leur disposition.

Cet aboutissement est d'un grand apport pour la Cellule qui a choisi de mettre en œuvre cette solution pour faciliter son processus de prise de décision à cours, moyen et long terme. En effet, cet entrepôt de données offre une vue complète et centraliser des données, un gain de temps grâce à la production dynamique de rapports. La gratuité des outils utilisés pour, sa mise en œuvre permet un coût relativement nul de la solution. La facilité d'utilisation procure une prise en main rapide et en conséquence un gain énorme en temps de réalisation. En ce qui nous concerne, nous sortons de ce projet avec de nombreux avantages. Sur le plan scientifique, nous nous sommes enrichis de concepts technologiques d'actualités du monde de l'informatique décisionnel. Enorme a été notre enthousiasme d'étudier les concepts de business intelligences et d'entrepôts de données. Nous avons aussi acquis une bonne expertise technique, aussi bien dans la prise en main de la Pentaho Data Integrator pour l'extraction, la transformation et le chargement des données dans l'entrepôt, d'un système de gestion de bases de données MySQL pour contenir notre entrepôt de données, de Navicat pour visualiser les tables de l'entrepôt et d'éclipse BIRT 3.7.2 pour la production de rapport dynamique, que par les méthodes d'analyse et de conception.

La nécessité de disposer d'un entrepôt de données étant sans doute indispensable pour l'accroissement des résultats dans différents secteurs que comprend le domaine de l'éducation au Cameroun. Nous avons comme perspectives dans un premier temps, de proposer un module de fouille de données[15, 8, 2] qui jouent un rôle prépondérant pour les responsable dans le processus de prise de décision sur les données de la CAAP et dans un second temps de migrer vers une bases de données pouvant gérer de très gros volume de données, d'implémenter d'autres data warehouse dans d'autre service (à l'exemple des inspections, des établissements scolaires,), ainsi que l'analyse des données pour une amélioration des résultats des données recueillies et par ricochet des prises de décisions encore plus efficaces, et enfin nous implémenterons une politique de sécurité fiable et solide afin de protéger notre entrepôt de données contre les attaques pouvant venir de l'intérieur ou de l'extérieur[5].

Références

[1] Estella ANNONI. *Elément méthodologique pour le développement des systèmes décisionnels dans un contexte de réutilisation.* PhD thesis, Université de Toulouse 1, 2007.

[2] Ceri S. Fuggetta A. Paraboschi S Bonifati A., Cattaneo F. *Designing data marts for data warehouses.* ACM Trans, Software, 2001.

[3] Carlos Da Costa. mettre en place un entrepôt de données multidimensionnel, dec 2011. business-intelligence.developpez.com.

[4] Samantha M. Didier M. *Outils informatiques et l'aide la prise de décision en entreprise, projet de Master 2 Informatique et Mathématiques de l'Organisation et de la Décision.* IUP GMI D'AVIGNON, 2007-2008.

[5] BIRT Eclipse. *Wiki Birt.* feb 2013.

[6] Olivier T. Gilles Z Estella A., Franck R. Modélisation adaptée aux utilisateurs dans le développement des sid. *IRIT Toulouse*, 2006.

[7] Rutherford G. Conception et réalisation d'un entrepôt de données avec portail décisionnel : cas de set mobile, mémoire de dipet ii. july 2013.

[8] Charbel Abou K. Georges El H. *Projet Data mining, Techniques d'extraction de connaissances.* Université PANTHEON-ASSAS PARIS II, 2004.

[9] Teste O. Zurflut G. Ghozi F., Ravat F. *Méthode de conception d'une base de données multidimensionnelle contrainte.* Cépadues édition, 2005.

[10] Rizzi S Golfarelli M. A methodological framework for data warehouse design. *1st International Workshop on Data Warehousing and OLAP (DOLAP '98)*, pages 3–9, nov 1998.

[11] Thierry H. *Base de données avancées Data Warehouse.* Université Paris 13, 2011-2012.

[12] Desnos J. Introduction aux entrepôts de données, feb 2013. imss-www.upmf-grenoble.fr.

[13] D. Jean-Franois. *Entrepôt de données, cour de 2ème année régime spécial.* IHS du Master ICA, 2012.

[14] Faiza GHOZZI JEDIDI. *Conception et manipulation de bases de données dimensionnelles à contraintes.* PhD thesis, Université de Toulouse III, 2004.

[15] Stanislas K. *Mise en place d'un data mart concernant la paie du personnel de l'Etat, Mémoire de fin d'étude, pour diplôme d'ingénieur de conception en informatique.* Université polytechnique de BOBO-DIOULASSO, 2004-2005.

[16] Mysql. Download mysql server, mar 2009. dev.mysql.com.

[17] Oumarou. Organigramme du minesec, mar 2009. www.atangana-eteme-emeran.com.

[18] Pentaho. Download pentaho, 2013. http ://www.pentaho.com/download.

[19] Franck R. *Modèles et outils pour la conception et la manipulation de systèmes d'aide la décision,* 2009.

[20] Kjiri L. Sabri A. *Une démarche d'analyse base de patrons pour la découverte des besoins métier d'un Système d'Information Décisionnel.* Atelier Aide la décision tous les étages (AIDE @ EGC), Bordeaux, 2012.

[21] sourceforge. Télécharger éclipse birt, 2013. sourceforge.net.

[22] Wikipedia. Infocentre, 2013. fr.wikipedia.org.

SUR GRIN VOS CONNAISSANCES
SE FONT PAYER

- Nous publions vos devoirs
  et votre thèse de bachelor et master

- Votre propre eBook et livre –
  dans tous les magasins principaux du monde

- Gagnez sur chaque vente

Téléchargez maintentant sur www.GRIN.com
et publiez gratuitement